Willkommen zu einer Reise in die faszinierende Welt der Künstlichen Intelligenz (KI), eine Welt, die nicht nur von technologischem Fortschritt, sondern auch von tiefgreifenden Veränderungen in allen Bereichen unseres Lebens geprägt ist. Dieses Buch nimmt Sie mit auf eine Entdeckungsreise durch die verschiedenen Facetten von KI und zeigt auf, wie sie unsere Gegenwart gestaltet und unsere Zukunft formen wird.

Die Entwicklung von Künstlicher Intelligenz ist nicht nur ein wissenschaftlicher Fortschritt, sondern eine Reise, die die Grundfesten unserer Gesellschaft, Wirtschaft, Medizin, Kultur und unser tägliches Miteinander erschüttert und neu formt. Von autonomen Fahrzeugen, die unsere Straßen sicherer machen, über intelligente Algorithmen, die kreative Werke schaffen, bis hin zu KI-Anwendungen in der Medizin, die Heilungschancen verbessern – die Auswirkungen von KI sind weitreichend und transformative.

Doch mit der Verheißung von Innovation und Effizienz kommt auch eine Kehrseite. Ethik, Datenschutz, die Zukunft der Arbeit und die soziale Dimension von KI werfen wichtige Fragen auf, die sorgfältig bedacht und adressiert werden müssen. Dieses Buch widmet sich nicht nur den faszinierenden Möglichkeiten von KI, sondern beleuchtet auch kritisch die Herausforderungen und ethischen Implikationen, die mit dieser Technologie einhergehen.

Von den Anfängen der KI-Forschung bis hin zu einem Ausblick in eine Welt, die von KI geprägt ist, nehmen wir Sie mit auf eine Reise durch die Entwicklung, Anwendungen und Auswirkungen von Künstlicher Intelligenz. Wir laden Sie ein, die Chancen zu erkunden, die Herausforderungen zu verstehen und gemeinsam

darüber nachzudenken, wie wir diese transformative Kraft
so lenken können, dass sie das Beste für die Menschheit
hervorbringt.

Inhaltsverzeichnis

Die Geburt der Maschinenintelligenz

Die Geschichte der Maschinenintelligenz ist eine faszinierende Reise von den ersten rudimentären Versuchen bis zu den hochentwickelten KI-Systemen von heute. Dieses Kapitel wirft einen Blick auf die Anfänge dieser revolutionären Technologie und beleuchtet die Meilensteine, die den Weg geebnet haben.

Die Wurzeln der Künstlichen Intelligenz reichen bis in die 1950er Jahre zurück, als visionäre Forscher wie Alan Turing und John McCarthy die Grundlagen für den Aufbau intelligenter Maschinen legten. Turing, mit seinem berühmten Turing-Test, prägte die Diskussion darüber, wie man Intelligenz in Maschinen messen kann. McCarthy wiederum führte den Begriff "Künstliche Intelligenz" ein und organisierte 1956 die Dartmouth-Konferenz, die als Geburtsstunde der KI-Forschung gilt.

In den ersten Jahrzehnten lag der Fokus auf symbolischer KI, die auf logischen Regeln und symbolischen Repräsentationen basierte. Doch bald stellte sich heraus, dass diese Ansätze angesichts der Komplexität realer Probleme begrenzt waren. Der Weg zu maschinellem Lernen und neuronalen Netzen war notwendig, um den nächsten Schritt in der Entwicklung von KI-Systemen zu machen.

Die 1990er Jahre brachten Durchbrüche in der Verarbeitung großer Datenmengen und verbesserten Algorithmen, was zu einer neuen Ära der KI-Forschung führte. Die Performance von KI-Systemen steigerte sich exponentiell, unterstützt durch die wachsende Rechenleistung moderner Computer.

Heute stehen wir an der Schwelle einer Ära, in der KI nicht nur Aufgaben ausführen, sondern auch verstehen und lernen kann. Von selbstfahrenden Autos über Spracherkennung bis hin zu personalisierten Empfehlungssystemen – die Geburt der Maschinenintelligenz hat bereits unser tägliches Leben transformiert.

Dieses Kapitel schärft das Verständnis für die Wurzeln der KI, ihre historische Entwicklung und die wegweisenden Persönlichkeiten, die den Grundstein für die heutige technologische Revolution gelegt haben. Ein Blick zurück ermöglicht nicht nur eine Wertschätzung für den Fortschritt, sondern auch eine kritische Reflexion über die Herausforderungen und Potenziale, die die Zukunft der Künstlichen Intelligenz birgt.

Der Siegeszug der Algorithmen

In der Evolution der Künstlichen Intelligenz hat der Siegeszug der Algorithmen eine zentrale Rolle gespielt und den Weg zu hochentwickelten KI-Systemen geebnet. Dieses Kapitel widmet sich der Entwicklung und Bedeutung von Algorithmen im Kontext der Künstlichen Intelligenz und zeigt auf, wie sie die Grundlage für den aktuellen technologischen Fortschritt bilden.

Algorithmen sind im Wesentlichen mathematische Anweisungen, die eine Sequenz von Schritten definieren, um ein bestimmtes Problem zu lösen oder eine Aufgabe zu erfüllen. In der Frühphase der KI-Forschung wurden einfache Algorithmen verwendet, um symbolische KI-Systeme zu steuern. Diese waren jedoch begrenzt und konnten komplexe Probleme nicht effektiv bewältigen.

Der Durchbruch erfolgte mit dem Übergang zu maschinellem Lernen. Algorithmen, insbesondere jene des überwachten und unüberwachten Lernens, ermöglichten es den KI-Systemen, aus Daten zu lernen und Muster zu erkennen. Dieser Paradigmenwechsel ebnete den Weg für die Entwicklung von neuronalen Netzen, die, inspiriert von der Funktionsweise des menschlichen Gehirns, in der Lage sind, komplexe Aufgaben zu bewältigen.

Ein herausragendes Beispiel für den Siegeszug der Algorithmen ist das tiefe neuronale Netzwerk, das tiefe Lernen ermöglicht. Diese komplexen Netzwerke haben erstaunliche Fähigkeiten in Bereichen wie Bild- und Spracherkennung gezeigt, die zuvor als besonders schwierig für Maschinen galten. Die Popularität von Deep Learning-Algorithmen hat nicht nur zu beeindruckenden Fortschritten in der Forschung geführt, sondern auch zu praktischen Anwendungen in Industrie, Medizin und vielen anderen Bereichen.

Die fortschreitende Optimierung von Algorithmen, unterstützt durch ständig steigende Rechenleistung und verbesserte Datenverfügbarkeit, treibt den Fortschritt der KI weiter voran. Gleichzeitig werfen diese Entwicklungen auch Fragen hinsichtlich Ethik, Bias und Transparenz auf, da der Einsatz von Algorithmen zunehmend in kritischen Bereichen des Lebens eingreift.

Der Siegeszug der Algorithmen markiert eine Schlüsselphase in der Geschichte der Künstlichen Intelligenz und verdeutlicht die dynamische und transformative Kraft dieser Technologie. Dieses Kapitel lädt dazu ein, die Grundlagen zu verstehen, die den aktuellen Stand der KI prägen, und eröffnet Perspektiven für die Zukunft, in der Algorithmen weiterhin die treibende Kraft für Innovation und Veränderung sein werden.

KI in unserem Alltag: Vom Smartphone bis zum Smart Home

Die fortschreitende Integration Künstlicher Intelligenz in unseren Alltag hat einen Paradigmenwechsel in der Art und Weise, wie wir leben, eingeleitet. Dieses Kapitel beleuchtet die vielfältigen Anwendungen von KI, die unsere täglichen Aktivitäten beeinflussen, angefangen bei den Geräten, die wir ständig bei uns tragen, bis hin zur intelligenten Gestaltung unserer Wohnräume.

Das Smartphone ist zu einem unverzichtbaren Begleiter geworden, und KI spielt dabei eine entscheidende Rolle. Von intuitiven Sprachassistenten wie Siri und Google Assistant über personalisierte Empfehlungen von Apps bis hin zur automatisierten Fotoverbesserung – KI-Algorithmen optimieren nicht nur die Leistung, sondern passen sich auch zunehmend den individuellen Bedürfnissen der Nutzer an. Die ständige Anpassung und Verbesserung von Algorithmen ermöglichen eine nahtlose Integration von KI-Funktionen, die das Smartphone zu einem intelligenten Werkzeug machen.

Der Einzug von KI in unsere Häuser geht jedoch weit über das Smartphone hinaus. Das Smart Home-Konzept nutzt KI, um die Effizienz von Haushaltsgeräten zu steigern, die Sicherheit zu erhöhen und den Energieverbrauch zu optimieren. Intelligente Thermostate, die den Tagesablauf der Bewohner lernen und entsprechend die Raumtemperatur regeln, sind nur ein Beispiel für die innovative Anwendung von KI im häuslichen Umfeld. Sprachgesteuerte Assistenten wie Amazon Echo oder Google Home fungieren als zentrale Steuereinheiten, die es ermöglichen, verschiedene Geräte im Haus miteinander zu vernetzen und zu automatisieren.

In der Gesundheitsvorsorge gewinnt die KI ebenso an Bedeutung. Wearables, die unsere vitalen Parameter überwachen, nutzen intelligente Algorithmen, um frühzeitig auf mögliche gesundheitliche Probleme hinzuweisen. Dieser Ansatz verschiebt den Fokus von reaktiver Behandlung hin zu proaktiver Prävention, wodurch die Lebensqualität verbessert und Gesundheitskosten reduziert werden können.

Allerdings werfen diese Entwicklungen auch wichtige Fragen auf, insbesondere in Bezug auf Datenschutz, Sicherheit und den ethischen Einsatz von KI im Alltag. Dieses Kapitel lädt dazu ein, die Chancen und Herausforderungen der zunehmenden Durchdringung von KI in unseren Alltag zu reflektieren und wirft einen Blick auf die möglichen Szenarien, die eine intelligente und vernetzte Zukunft bereithält.

Wirtschaft 4.0: KI und die Zukunft der Arbeit

Die Ära der Wirtschaft 4.0 wird maßgeblich von der Integration Künstlicher Intelligenz geprägt. Dieses Kapitel wirft einen Blick auf die Auswirkungen von KI auf die Arbeitswelt und beleuchtet sowohl die Chancen als auch die Herausforderungen, die sich in diesem transformierenden Umfeld eröffnen.

Die zunehmende Automatisierung von Arbeitsprozessen durch KI-Technologien verändert die Dynamik in vielen Branchen grundlegend. Roboter und autonome Systeme übernehmen repetitive Aufgaben, während komplexe Entscheidungen vermehrt von fortschrittlichen Algorithmen getroffen werden. Dies ermöglicht eine Effizienzsteigerung und eine Senkung der Produktionskosten, birgt jedoch auch die Frage nach dem Einfluss auf Arbeitsplätze.

In der Wirtschaft 4.0 werden neue Arbeitsprofile entstehen, die auf der Kooperation von Mensch und Maschine basieren. Kollaborative Robotik, bei der Menschen und Roboter Seite an Seite arbeiten, könnte die Produktivität steigern und gleichzeitig menschenzentrierte Fähigkeiten, wie Kreativität und emotionalen Intellekt, betonen. Die Rolle von KI wird sich von der reinen Automatisierung hin zu intelligenter Unterstützung entwickeln, die menschliche Entscheidungen mit umfassenden Datenanalysen und Prognosen bereichert.

Gleichzeitig wird die Umstellung auf Wirtschaft 4.0 eine Neuausrichtung von Qualifikationen und Kompetenzen erfordern. Der Fokus wird verstärkt auf digitalen Kompetenzen, kreativem Denken und der Fähigkeit zur Anpassung an neue Technologien liegen. Bildungseinrichtungen und Unternehmen stehen vor der

Herausforderung, eine agile Lernkultur zu fördern, um die ständige Weiterentwicklung von Fähigkeiten zu ermöglichen.

Neben den ökonomischen Auswirkungen wirft die zunehmende Automatisierung auch soziale Fragen auf. Die Debatte über Arbeitsplatzverluste, soziale Ungleichheit und die Zukunft der Arbeitnehmerrechte gewinnt an Brisanz. Es wird entscheidend sein, politische und ethische Rahmenbedingungen zu schaffen, um eine ausgewogene Entwicklung zu gewährleisten.

Die Zukunft der Arbeit in der Ära der Wirtschaft 4.0 wird von einer harmonischen Symbiose zwischen Mensch und Maschine geprägt sein. Dieses Kapitel lädt dazu ein, die transformative Kraft von KI in der Arbeitswelt zu verstehen und die Weichen für eine nachhaltige und gerechte Gestaltung der Zukunft der Arbeit zu stellen.

Die dunkle Seite der Technologie: Ethik und Datenschutz

In der Ära der rasanten technologischen Fortschritte wirft die dunkle Seite von Künstlicher Intelligenz drängende Fragen zur Ethik und zum Datenschutz auf. Dieses Kapitel taucht ein in die Herausforderungen und Dilemmata, die mit dem Einsatz von KI verbunden sind, und wirft einen kritischen Blick auf die moralischen Aspekte dieser bahnbrechenden Technologie.

Die Datensammlung bildet das Rückgrat vieler KI-Anwendungen, angefangen von personalisierten Empfehlungssystemen bis hin zu fortschrittlichen medizinischen Diagnosewerkzeugen. Die Menge an gesammelten Daten, oft als "Rohstoff des 21. Jahrhunderts" bezeichnet, eröffnet immense Möglichkeiten, bringt jedoch auch schwerwiegende Datenschutzbedenken mit sich. Der Schutz persönlicher Informationen wird zu einer drängenden Aufgabe, da der Missbrauch von Daten weitreichende Konsequenzen für die Privatsphäre und die individuelle Autonomie haben kann.

Ethik in der KI-Forschung und -Anwendung steht im Mittelpunkt intensiver Diskussionen. Die Entscheidungen von KI-Systemen können tiefgreifende Auswirkungen auf Menschenleben haben, sei es in der Medizin, bei der Kreditvergabe oder in der Strafjustiz. Die Frage nach Transparenz, Fairness und Gerechtigkeit in den zugrunde liegenden Algorithmen wird zu einem zentralen Anliegen, um sicherzustellen, dass KI nicht unabsichtlich oder absichtlich Vorurteile verstärkt oder diskriminierende Praktiken perpetuiert.

Ein weiteres ethisches Dilemma besteht in der Frage nach
der Verantwortung für Entscheidungen von KI-Systemen.
Inwiefern können Maschinen moralische Urteile fällen, und
wer trägt die Verantwortung, wenn etwas schief geht?
Diese Fragen erfordern nicht nur technologische, sondern
auch gesellschaftliche Lösungsansätze, um einen
verantwortungsbewussten Einsatz von KI sicherzustellen.

Der Weg zu ethischer KI erfordert die Entwicklung klarer
Richtlinien und Standards, die von der gesamten Branche
akzeptiert werden. Datenschutzbestimmungen müssen
gestärkt und kontinuierlich aktualisiert werden, um mit den
sich wandelnden Technologien Schritt zu halten. Das
Bewusstsein für die ethischen Implikationen von KI muss
in der Gesellschaft gestärkt werden, um einen umfassenden
Dialog und eine partizipative Gestaltung dieser
Technologien zu ermöglichen.

Dieses Kapitel lädt dazu ein, die dunkle Seite der KI
kritisch zu reflektieren und bietet einen Einblick in die
komplexen ethischen Herausforderungen, die mit der
Gestaltung und Anwendung von Künstlicher Intelligenz
verbunden sind. Es regt zur Diskussion über die
moralischen Grundlagen an, die die Grundlage für eine
verantwortungsbewusste Entwicklung und Nutzung von KI
bilden sollten.

Medizin im Wandel: KI als Heilbringer

Die Integration von Künstlicher Intelligenz in die Medizin markiert einen tiefgreifenden Wandel im Gesundheitswesen und eröffnet neue Horizonte für Diagnose, Therapie und Forschung. Dieses Kapitel wirft einen Blick auf die vielversprechenden Entwicklungen, die KI als Heilbringer in der Medizin mit sich bringt.

Eine der herausragenden Anwendungen von KI in der Medizin liegt in der Diagnose. Durch den Einsatz fortschrittlicher Algorithmen können Bildgebungstechniken wie MRI und CT präziser ausgewertet werden. KI-Systeme sind in der Lage, subtile Muster und Anomalien zu erkennen, die für das menschliche Auge schwer zugänglich sind. Dies führt nicht nur zu einer genaueren Früherkennung von Krankheiten, sondern ermöglicht auch personalisierte Therapieansätze.

Die personalisierte Medizin erfährt durch KI einen bedeutenden Aufschwung. Die Analyse großer Datensätze von Patienten, kombiniert mit genetischen Informationen, ermöglicht es, Therapiepläne individuell auf die genetische Veranlagung und den Krankheitsverlauf abzustimmen. Dieser Ansatz verspricht nicht nur effektivere Behandlungen, sondern auch eine Reduzierung von Nebenwirkungen.

Im Bereich der Forschung trägt KI dazu bei, den Entwicklungsprozess von Medikamenten zu beschleunigen. Durch die Analyse komplexer biomedizinischer Daten können potenzielle Wirkstoffe schneller identifiziert und in klinischen Studien getestet werden. Dies verkürzt nicht nur die Zeitspanne bis zur Markteinführung neuer

Medikamente, sondern reduziert auch die Kosten für
Forschung und Entwicklung.

Die Robotik, gesteuert von intelligenten Algorithmen,
kommt vermehrt in der Chirurgie zum Einsatz. Chirurgen
können von präzisen und sicheren Robotersystemen
unterstützt werden, die minimalinvasive Eingriffe
ermöglichen und die Genauigkeit der Operationen
verbessern. Dies führt zu kürzeren Erholungszeiten und
verringert das Risiko von Komplikationen.

Trotz dieser vielversprechenden Entwicklungen stehen
ethische und regulatorische Herausforderungen im Raum.
Datenschutz, Sicherheit von Patientendaten und die klare
Definition von Verantwortlichkeiten sind zentrale Aspekte,
die adressiert werden müssen, um das Vertrauen in den
Einsatz von KI in der Medizin zu stärken.

Dieses Kapitel lädt dazu ein, die transformative Kraft von
KI in der Medizin zu erkunden und gleichzeitig die
wichtigen Fragen zu beleuchten, die mit dieser Revolution
im Gesundheitswesen einhergehen. Es skizziert eine
Zukunft, in der KI als Heilbringer nicht nur die Effektivität
medizinischer Versorgung verbessert, sondern auch
Hoffnung auf bisher unerreichbare Therapieansätze und
Heilungschancen weckt.

Die kreative Maschine: KI in Kunst und Kultur

In den Sphären von Kunst und Kultur entfaltet Künstliche Intelligenz eine faszinierende und bisweilen kontroverse Rolle. Dieses Kapitel erkundet die kreative Maschine, wie KI die Grenzen künstlerischer Ausdrucksformen erweitert und zugleich neue Fragen hinsichtlich Originalität und menschlichem Schaffen aufwirft.

Im Bereich der bildenden Kunst haben sich KI-Systeme als beeindruckende Schöpfer erwiesen. Von der Generierung abstrakter Gemälde bis hin zu realistischen Porträts, können Algorithmen Stile verschiedener Künstler imitieren oder sogar gänzlich neue künstlerische Ausdrucksformen erschaffen. Die Kollaboration zwischen Künstlern und Maschinen eröffnet innovative Wege zur Schöpfung und regt zu Diskussionen über die Definition von Kunst und Kreativität an.

In der Musik findet KI Anwendung in der Komposition und Produktion. Algorithmen analysieren riesige Datensätze von Musikstücken, erfassen Muster und Stile, um dann eigenständig Melodien, Harmonien und Rhythmen zu generieren. Diese kreative Zusammenarbeit zwischen Mensch und Maschine bringt nicht nur unkonventionelle musikalische Werke hervor, sondern inspiriert auch traditionelle Künstler zu neuen Experimenten.

Der Bereich der Literatur erlebt ebenfalls einen Einfluss durch KI. Autoren und Schriftsteller nutzen Algorithmen, um kreative Schreibprozesse zu beschleunigen oder Ideen zu generieren. Chatbots, die auf KI basieren, sind in der Lage, menschenähnliche Texte zu verfassen und interaktive Geschichten zu entwickeln. Dies wirft jedoch die Frage auf, inwieweit KI als eigenständiger Schöpfer betrachtet werden

kann und welche Rolle menschliche Kreativität dabei
spielt.

Die kreative Zusammenarbeit zwischen Mensch und
Maschine eröffnet nicht nur neue künstlerische Horizonte,
sondern wirft auch wichtige Fragen der Authentizität und
Originalität auf. Die Debatte darüber, ob KI tatsächlich
"kreativ" sein kann oder ob es lediglich eine ausgefeilte
Form der Imitation darstellt, treibt die Diskussion über die
Natur der menschlichen Kreativität voran.

Das Kapitel "Die kreative Maschine" lädt dazu ein, die
aufregende Welt der KI in Kunst und Kultur zu erforschen
und gleichzeitig kritisch über die Auswirkungen dieser
Entwicklungen auf die traditionellen Vorstellungen von
Kreativität, Originalität und künstlerischer Autorschaft
nachzudenken. Es öffnet Türen zu neuen Möglichkeiten,
hinterfragt aber auch die Essenz dessen, was es bedeutet,
kreativ zu sein.

Die soziale Dimension: KI und Gesellschaft

Die Verbindung zwischen Künstlicher Intelligenz und der Gesellschaft zeichnet ein komplexes Bild voller Herausforderungen, Möglichkeiten und ethischer Fragestellungen. Dieses Kapitel taucht ein in die soziale Dimension von KI und beleuchtet, wie diese Technologie unsere sozialen Strukturen, Bildung und das tägliche Miteinander beeinflusst.

Ein Bereich, in dem die soziale Dimension von KI deutlich spürbar ist, liegt in der Arbeitswelt. Automatisierung und Robotik verändern nicht nur die Art der Arbeit, sondern auch die Anforderungen an die Arbeitskräfte. Neue Kompetenzen werden gefordert, während gleichzeitig bestehende Berufsbilder transformiert oder automatisiert werden. Die Frage nach der sozialen Gerechtigkeit in Bezug auf den Zugang zu Bildung und den Schutz von Arbeitnehmerrechten gewinnt daher an Relevanz.

Bildung selbst erfährt eine Revolution durch KI. Personalisierte Lernprogramme passen sich den individuellen Bedürfnissen der Schüler an und bieten maßgeschneiderte Lehrinhalte. KI gestützte Tutorien und Lehrassistenten unterstützen Pädagogen dabei, den Unterricht effektiver zu gestalten. Doch gleichzeitig stellt sich die Frage nach der Gleichberechtigung im Bildungssystem, insbesondere in Bezug auf den Zugang zu hochentwickelten KI-Technologien.

Soziale Roboter und Assistenzsysteme beeinflussen die Art und Weise, wie Menschen interagieren und kommunizieren. KI-gesteuerte Chatbots und Sprachassistenten werden zu täglichen Begleitern, die nicht nur Informationen bereitstellen, sondern auch emotionale

Verbindungen herstellen sollen. Die Akzeptanz und Gestaltung dieser neuen sozialen Interaktionen wirft Fragen nach Privatsphäre, Vertrauen und der ethischen Programmierung von KI auf.

Ein weiterer Aspekt der sozialen Dimension von KI betrifft die Entstehung neuer Formen sozialer Ungleichheit. Der Zugang zu fortschrittlichen KI-Technologien ist nicht gleichmäßig verteilt, was zu einer digitalen Kluft führen kann. Es besteht die Gefahr, dass KI bestehende gesellschaftliche Ungleichheiten verstärkt, wenn nicht aktiv entgegengewirkt wird.

Die soziale Dimension von KI erfordert einen umfassenden Dialog zwischen Technologieentwicklern, Politikern, Ethikern und der Gesellschaft. Es ist entscheidend, klare ethische Richtlinien und soziale Standards zu etablieren, um sicherzustellen, dass der Einsatz von KI den sozialen Fortschritt fördert und gleichzeitig die Werte von Gleichberechtigung, Privatsphäre und sozialer Gerechtigkeit respektiert. Dieses Kapitel regt dazu an, die sozialen Auswirkungen von KI zu verstehen und einen inklusiven Diskurs über ihre Rolle in der Gesellschaft zu führen.

Die Zukunft des Verkehrs: Autonome Fahrzeuge und intelligente Transportmittel

Die Straßen der Zukunft nehmen eine innovative Wendung mit dem Aufkommen autonomer Fahrzeuge und intelligent vernetzter Transportmittel. Dieses Kapitel wirft einen Blick auf die vielversprechende Entwicklung im Verkehrssektor, die nicht nur die Mobilität revolutioniert, sondern auch tiefgreifende Auswirkungen auf Städte, Umwelt und individuelle Lebensstile hat.

Autonome Fahrzeuge stehen im Mittelpunkt dieser Transformation. Mit fortschrittlichen Sensoren, künstlicher Intelligenz und maschinellem Lernen ausgestattet, sind sie in der Lage, eigenständig zu navigieren, Verkehrssituationen zu bewerten und sich sicher durch den Verkehr zu bewegen. Dies verspricht nicht nur eine erhöhte Sicherheit auf den Straßen, sondern auch eine effizientere Nutzung von Verkehrsflächen und eine Reduzierung von Unfällen durch menschliches Versagen.

Die Integration autonomer Fahrzeuge wird den Verkehr nicht nur sicherer, sondern auch effizienter gestalten. Durch intelligente Verkehrsmanagementsysteme können Fahrzeuge miteinander kommunizieren, um Staus zu vermeiden, den Verkehrsfluss zu optimieren und den Energieverbrauch zu minimieren. Dies trägt nicht nur zu einer verbesserten Umweltbilanz bei, sondern verkürzt auch die Reisezeiten und verbessert die Lebensqualität der Verkehrsteilnehmer.

Darüber hinaus eröffnen intelligente Transportmittel neue Perspektiven für die urbane Mobilität. Elektrische und vernetzte Fortbewegungsmittel wie E-Scooter, selbstbalancierende Einräder und autonom fahrende

Shuttles bieten flexible und umweltfreundliche
Alternativen zum traditionellen Individualverkehr. Diese
Innovationen tragen dazu bei, Städte lebenswerter zu
machen, indem sie den Platzbedarf für Parkplätze
reduzieren, die Luftqualität verbessern und die
Notwendigkeit von privaten Fahrzeugbesitz in urbanen
Gebieten in Frage stellen.

Trotz der vielversprechenden Perspektiven sind jedoch
auch Herausforderungen zu bewältigen. Die Sicherheit
autonomer Fahrzeuge, ethische Fragestellungen bei
Entscheidungsalgorithmen im Verkehr und die Integration
dieser neuen Technologien in bestehende Infrastrukturen
sind nur einige Aspekte, die sorgfältig berücksichtigt
werden müssen.

Die Zukunft des Verkehrs wird durch die Innovationen
autonomer Fahrzeuge und intelligenter Transportmittel
maßgeblich geprägt. Dieses Kapitel lädt dazu ein, die
Chancen und Herausforderungen dieser Entwicklung zu
erkunden und wirft einen Blick auf eine Zukunft der
Mobilität, die nicht nur technologisch fortschrittlich ist,
sondern auch nachhaltig und menschenzentriert.

Ausblick in eine KI-geprägte Welt

Der Blick in die Zukunft offenbart eine Welt, die in einem noch nie dagewesenen Ausmaß von Künstlicher Intelligenz (KI) durchdrungen ist. Dieses Kapitel wirft einen visionären Ausblick auf die Potenziale, Herausforderungen und weitreichenden Veränderungen, die uns in einer KI-geprägten Welt erwarten.

In einer KI-geprägten Zukunft wird die Integration von Künstlicher Intelligenz in alle Lebensbereiche weiter voranschreiten. Smarte Technologien werden nicht nur Aufgaben erledigen, sondern auch lernen, sich anpassen und proaktiv agieren. Von der Hausautomation über persönliche Gesundheitsassistenten bis hin zu intelligenten Städten wird KI zu einem integralen Bestandteil des täglichen Lebens.

Die Arbeitswelt wird sich radikal wandeln. Automatisierung und KI werden repetitive Tätigkeiten übernehmen, was den Raum für kreative und komplexe Aufgaben erweitert. Neue Berufsbilder werden entstehen, die auf der Zusammenarbeit von Mensch und Maschine basieren. Es wird entscheidend sein, Bildungsstrukturen anzupassen, um die Arbeitskräfte auf die Anforderungen dieser neuen Ära vorzubereiten.

Medizinische Versorgung wird durch personalisierte Therapien und präzisere Diagnosen transformiert. KI wird nicht nur bei der Entdeckung neuer Medikamente eine Schlüsselrolle spielen, sondern auch die Gesundheitsvorsorge durch intelligente Wearables und frühzeitige Erkennung von Krankheitsrisiken revolutionieren.

Die Kreativität wird eine Renaissance erleben, wenn KI-Systeme als kreative Partner in Kunst, Musik und Literatur agieren. Neue Ausdrucksformen und künstlerische Richtungen werden entstehen, während KI den kreativen Prozess anregt und erweitert.

Die soziale Dimension wird eine zentrale Rolle spielen. Die Verantwortung für ethischen Umgang mit KI wird verstärkt in den Fokus rücken. Gesellschaftliche Debatten über Datenschutz, Gleichberechtigung und die Verteilung von KI-Nutzen werden die Grundlage für einen verantwortungsbewussten Einsatz dieser Technologien legen.

Die Verkehrssysteme werden effizienter, sicherer und nachhaltiger durch autonomes Fahren und intelligente Verkehrssteuerung. Städte werden sich neu gestalten, wenn der Individualverkehr abnimmt und Platz für grüne, fußgängerfreundliche Zonen geschaffen wird.

Trotz dieser vielversprechenden Perspektiven sind auch ernsthafte Überlegungen erforderlich. Die ethische Nutzung von KI, der Schutz vor Missbrauch, der Zugang zu den Vorteilen von KI für alle Bevölkerungsgruppen und die Sicherstellung von Transparenz werden zu grundlegenden Anliegen.

Der Ausblick in eine KI-geprägte Welt ist gleichzeitig faszinierend und herausfordernd. Dieses Kapitel lädt dazu ein, die Chancen zu erkennen, die Potenziale kritisch zu hinterfragen und einen Dialog darüber zu führen, wie wir gemeinsam eine zukünftige Welt gestalten können, in der Künstliche Intelligenz zum Wohl der Gesellschaft beiträgt.

Schlusswort: Eine Reise in die Zukunft

Mit diesen Worten schließen wir die Seiten dieses Buches und lassen die Gedanken der Leser in der faszinierenden Welt der Künstlichen Intelligenz nachhallen. Diese Reise durch die verschiedenen Kapitel hat uns nicht nur die technologischen Höhenflüge von KI nähergebracht, sondern auch die tiefergehenden Implikationen, die sie für unsere Gesellschaft, Wirtschaft und Kultur mit sich bringt.

Die Künstliche Intelligenz ist keine bloße Technologie; sie ist ein Spiegel unserer Hoffnungen, Ängste und Gestaltungsfähigkeiten. Von den ersten Schritten der Maschinenintelligenz bis hin zu einem Ausblick in eine mögliche Zukunft haben wir versucht, ein Verständnis für die Vielschichtigkeit dieses Themas zu vermitteln.

Doch der Schluss dieses Buches ist kein Abschluss, sondern ein Aufruf zur Weiterführung der Diskussion, zur vertieften Auseinandersetzung und zur aktiven Teilnahme an der Gestaltung dieser Zukunft. Die Entscheidungen, die wir heute treffen, werden die Art und Weise, wie KI unser Morgen formt, maßgeblich beeinflussen.

Wir stehen an einem Wendepunkt, an dem Technologie nicht nur Fragen nach Effizienz und Innovation aufwirft, sondern auch nach Werten, Ethik und sozialer Verantwortung. In einer Welt, die von Künstlicher Intelligenz geprägt wird, sind wir alle Akteure in einem epischen Drama des Wandels.

Möge dieses Buch nicht nur als Quelle von Wissen dienen, sondern auch als Anstoß für weiterführende Überlegungen, Dialoge und Handlungen. Die Zukunft wartet darauf, von uns geformt zu werden – eine Zukunft, die menschlich,

verantwortungsbewusst und von einer harmonischen
Koexistenz von Mensch und Maschine geprägt ist.

Danke für Ihre Aufmerksamkeit und Ihre Bereitschaft, an
dieser Reise teilzunehmen. Möge die Reise in die Zukunft
mit Künstlicher Intelligenz von Entdeckungen,
Zusammenarbeit und einem nachhaltigen Gestaltungswillen
geprägt sein.